团 体 标 准

公路桥梁预应力孔道压浆密实度
冲击弹性波检测技术指南

Guidelines for Impact Elastic Wave Testing of Prestressed
Conduit Density in Highway Bridges

T/CHTS 10012—2019

主编单位:交通运输部公路科学研究所
　　　　　中路高科交通检测检验认证有限公司
发布单位:中国公路学会
实施日期:2019 年 10 月 09 日

图书在版编目(CIP)数据

公路桥梁预应力孔道压浆密实度冲击弹性波检测技术指南 / 交通运输部公路科学研究所,中路高科交通检测检验认证有限公司主编. — 北京:人民交通出版社股份有限公司,2019.8
ISBN 978-7-114-15783-7

Ⅰ.①公… Ⅱ.①交…②中… Ⅲ.①公路桥—桥梁工程—钻孔灌注桩—注浆加固—密度—检测—指南 Ⅳ.①U448.14-62

中国版本图书馆 CIP 数据核字(2019)第 185388 号

标准类型:团体标准

Gonglu Qiaoliang Yuyingli Kongdao Yajiang Mishidu Chongji Tanxingbo Jiance Jishu Zhinan

标准名称:	公路桥梁预应力孔道压浆密实度冲击弹性波检测技术指南
标准编号:	T/CHTS 10012—2019
主编单位:	交通运输部公路科学研究所
	中路高科交通检测检验认证有限公司
责任编辑:	郭红蕊　韩亚楠
责任校对:	张　贺　龙　雪
责任印制:	张　凯
出版发行:	人民交通出版社股份有限公司
地　　址:	(100011)北京市朝阳区安定门外外馆斜街3号
网　　址:	http://www.ccpress.com.cn
销售电话:	(010)59757973
总 经 销:	人民交通出版社股份有限公司发行部
经　　销:	各地新华书店
印　　刷:	北京市密东印刷有限公司
开　　本:	880×1230　1/16
印　　张:	1.25
字　　数:	26 千
版　　次:	2019 年 8 月　第 1 版
印　　次:	2019 年 8 月　第 1 次印刷
书　　号:	ISBN 978-7-114-15783-7
定　　价:	200.00 元

(有印刷、装订质量问题的图书由本公司负责调换)

中国公路学会文件

公学字〔2019〕98号

中国公路学会关于发布 《公路桥梁预应力孔道压浆密实度冲击弹性波 检测技术指南》的公告

现发布中国公路学会标准《公路桥梁预应力孔道压浆密实度冲击弹性波检测技术指南》(T/CHTS 10012—2019),自2019年10月9日起实施。

《公路桥梁预应力孔道压浆密实度冲击弹性波检测技术指南》(T/CHTS 10012—2019)的版权和解释权归中国公路学会所有,并委托主编单位交通运输部公路科学研究所负责日常解释和管理工作。

中国公路学会

2019年9月16日

前 言

本指南在广泛调研、总结国内外先进技术和实践经验的基础上进行编制。

本指南按照《中国公路学会标准编写规则》(T/CHTS 10001)编写。

本指南共分为4章、3个附录，主要内容包括：总则、术语和符号、基本规定、定位检测等。

本指南实施过程中，请将发现的问题和对指南的意见、建议反馈至交通运输部公路科学研究所(地址：北京市海淀区西土城路8号；联系电话：010-62079117；电子邮箱：kc.zhang@rioh.cn)，供修订时参考。

本指南由交通运输部公路科学研究所提出，受中国公路学会委托，由交通运输部公路科学研究所负责具体解释工作。

主编单位：交通运输部公路科学研究所、中路高科交通检测检验认证有限公司

参编单位：山东省交通科学研究院、福建省交通建设工程试验检测有限公司、招商局重庆公路工程检测中心有限公司、内蒙古自治区交通建设工程质量监督局、保利长大工程有限公司、四川升拓检测技术股份有限公司、山东高速建设管理集团有限公司

主要起草人：宿健、张科超、李万恒、李旺新、张朋、渠广镇、卢涛、周广利、程寿山、戴俊骞、张俊光、池毓伟、张洪伟、姜开明、陈建璋、吴佳晔、刘涌江、刘秀娟、张文浩、杨俊、陈彰发、吴寒亮、闫振海、王彦伟、钟军、杨森、尚勇、王伟

主要审查人：李彦武、周海涛、侯金龙、鲍卫刚、钟建驰、冯良平、杨耀铨、秦大航、薛光雄、王兴奎

T/CHTS 10012—2019

目　次

1 总则 ·· 1
2 术语和符号 ·· 2
　2.1 术语 ·· 2
　2.2 符号 ·· 2
3 基本规定 ·· 3
　3.1 检测方法及选定 ·· 3
　3.2 检测工作程序 ·· 3
　3.3 检测报告 ··· 4
　3.4 检测设备 ··· 4
4 定位检测 ·· 5
　4.1 抽样要求及检测频率 ·· 5
　4.2 现场检测 ··· 5
　4.3 数据分析与评价 ··· 5
附录A 孔道压浆缺陷定位检测现场记录表 ··· 8
附录B 检测报告主要内容 ·· 9
附录C 压浆缺陷定位检测参考色板 ··· 10
用词说明 ·· 12

公路桥梁预应力孔道压浆密实度冲击弹性波检测技术指南

1 总则

1.0.1 为规范使用冲击弹性波检测桥梁预应力孔道压浆密实度的方法,为检测结果评价提供可靠依据,制定本指南。

1.0.2 本指南适用于冲击弹性波检测公路桥梁预应力孔道的压浆密实度。

1.0.3 预应力孔道压浆密实度的检测除应符合本指南的规定外,尚应符合有关法律、法规及国家、行业现行有关标准的规定。

2 术语和符号

2.1 术语

2.1.1 冲击弹性波 impact elasticity waves
冲击作用下的质点以波动形式传播在弹性范围内产生的运动。

2.1.2 压浆密实度 prestressed conduit density
当浆体强度达到设计强度的80%以上时，单位体积内浆体所占的比值。

2.1.3 孔道压浆定位检测 inner flaw localization testing of tendon ducts grout
沿孔道轴线，在混凝土表面进行弹性波逐点激发和接收，通过测试其反射信号，进而对所测位置有无压浆缺陷及缺陷的程度进行检测。

2.1.4 冲击回波等效波速法（IEEV） impact echo equivalent velocity method
根据激振弹性波信号判断孔道压浆缺陷的一种方法，用于确定缺陷具体位置和判断缺陷大致类型。

2.1.5 冲击回波共振偏移法（IERS） impact echo resonance method
根据激振弹性波信号分析孔道检测面的自振周期与标定位置混凝土自振周期的差异性，来判断厚度大于80cm混凝土构件缺陷的定位检测分析方法。

2.1.6 压浆密实度指数 density index
压浆无缺陷孔道长度占检测孔道总长度的比例。

2.2 符号

D——（定位检测）压浆密实度指数；

D_e——（定位检测）修正压浆密实度指数；

D_k——（定位检测）压浆密实度较好的连续区段的压浆密实度指数；

L_0——孔道全长；

L_d——检测区间长度；

N——定位检测的点数；

N_J——密实测点数；

N_X——轻度缺陷测点数；

N_D——重度缺陷测点数；

β——预应力孔道测点的压浆状态系数。

3 基本规定

3.1 检测方法及选定

3.1.1 桥梁预应力孔道压浆密实度检测应在浆体强度达到设计强度的80%以上时进行。

3.1.2 桥梁预应力孔道压浆密实度定位检测方法及适用条件按表3.1.2选择。

表3.1.2 定位检测方法及适用条件

检测方法	分析方法	适用条件
孔道压浆密实度定位检测	冲击回波等效波速法（IEEV）	构件厚度≤80cm且底端反射明显
	冲击回波共振偏移法（IERS）	构件厚度＞80cm且底端反射不明显

3.2 检测工作程序

3.2.1 桥梁预应力孔道压浆密实度现场检测工作流程如图3.2.1所示。

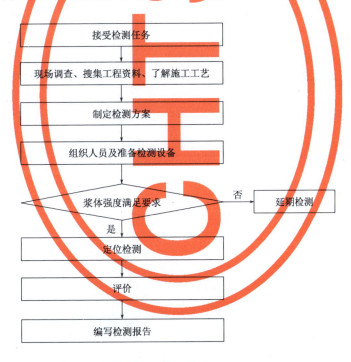

图3.2.1 桥梁预应力孔道压浆密实度的检测流程

3.2.2 现场调查阶段应包括以下内容：工程名称及设计、施工、监理、建设和委托单位名称等；了解结构所处环境条件、建设或使用情况、外观质量或加固情况等；搜集被检测工程的压浆材料品种和规格、施工原始记录、工程检查记录、施工工艺等。

3.2.3 制定检测方案阶段应根据调查结果及被检测对象的特征、检测类别、检测目的，按表3.1.2选择检测方法。检测方案宜包含以下内容：工程概况、检测方法、检测设备、抽样方案、所需的资源配置、安全注意事项等。

3.2.4 现场检测应对被检对象做唯一性编号标识,并按本指南的附录 A 进行现场记录。

3.2.5 现场检测期间,除应执行本指南的有关规定外,还应遵守国家有关安全生产的规定。

3.3 检测报告

检测报告内容应包括工程概况、检测依据、检测仪器设备、检测技术及方法、检测数量、测试波形、检测结果、检测结论及评价等,主要内容见附录 B。

3.4 检测设备

3.4.1 检测仪器与设备应适合于冲击弹性波信号采集与分析,主要包括激振装置、拾振装置、信号采集系统、采集软件、分析软件等。

3.4.2 检测设备应进行量值溯源,且在规定的有效期内使用。

3.4.3 检测设备应注意防尘、防潮、防振动、防雨淋等。

3.4.4 检测设备应能在 0℃~+45℃的温度环境条件下正常工作,检测环境应无机械振动和强振幅电噪声。

3.4.5 激振装置应符合下列要求:

1 激振装置应能产生低频率高能量的弹性波。

2 激振应采用瞬态激振方式。

3 定位检测应根据梁板构件厚度、激振频率特性等,按表 3.4.5 选择适宜的激振锤。

表 3.4.5 定位检测激振锤的选取参考

梁板构件厚度(mm)	<200	200~400	400~600	>600
首选激振锤	D10	D17	D17	D30
次选激振锤	D17	D10	D30	D50
注:D××中,D 为激振锤名称代号,×× 为激振锤直径,单位 mm。				

3.4.6 拾振装置应符合下列要求:

1 加速度传感器频带宽度宜为 100Hz~20kHz。

2 耦合装置宜采用带侧壁阻尼的磁性卡座或机械装置,阻尼比宜为 0.2~0.5。

3.4.7 信号采集系统应符合下列要求:

1 信号增益宜采用电荷放大器,且增益倍率宜为 1~100 倍,放大器频带应大于传感器的有效频响范围。

2 模数转换(A/D)卡宜采用多通道,其分辨率不低于 16bit,最大采样频率应不小于 500kHz。

3.4.8 软件宜具有下列功能:

1 采集软件包括滤波降噪、频响补偿、图像处理、图像输出等。

2 分析软件包括离散傅立叶变换快速算法(FFT)、最大熵算法(MEM)等。

3.4.9 检测设备标定幅值非线性误差应在±5%以内;声信号测量相对误差应在±1%以内。

4 定位检测

4.1 抽样要求及检测频率

4.1.1 应对梁体的锚头两端、起弯点等位置进行检测,每处检测的范围不应小于2m。

4.1.2 预制梁板应按下列要求抽检:

1 各种梁型,首次施工、施工工艺改变、压浆材料或设备更换时,应对最初施工的3片梁板进行压浆密实度检测。

2 压浆密实度抽检比例,每座桥应不少于3片梁板且不少于梁板总数的5%。

3 抽检批次应符合下列要求:

1)每种梁板连续施工大于或等于20片时,宜按施工时间顺序,每20片为1批次。

2)每种梁板非连续施工或连续施工小于或等于20片时,独立按1批次计算。

3)每批次检测的孔道不合格数超过抽检孔道总数的10%时,应双倍抽检。

4 应对抽检的梁板全部孔道进行检测。

4.1.3 对于现浇梁板应按下列要求抽检:

1 各种梁型,首次施工、施工工艺改变、压浆材料或设备更换时,应对最初施工的1片(段)梁的3个孔道进行压浆密实度检测。

2 压浆密实度抽检比例,每座桥应不少于3个(段)梁且不少于梁板总数的5%。

4.2 现场检测

4.2.1 现场检测采用逐点式进行采集,应根据被检梁板厚度,按表3.4.5选择适宜的激振锤。

4.2.2 定位检测应在确认压浆密实孔道或无孔道混凝土位置,选择1条基准测线作为检测依据。

4.2.3 测试面应干燥、清洁、平整,并应依据设计、施工资料或采用孔道定位设备,标识出孔道轴线;应在标识的孔道轴线上布置测点,测点间距宜为100mm~200mm。

4.2.4 测点传感器受信面应与构件表面密切接触。

4.2.5 激振方向应与被测构件表面垂直,激振点宜布置在孔道轴线上,激振点与孔道轴线的距离应不大于1/4孔道直径。激振点与传感器的水平距离宜为被测梁板厚度的1/4。

4.2.6 采样时间间隔宜为$2\mu s \sim 4\mu s$,采样点数宜为4096个或8192个。

4.2.7 数据采样时应进行环境噪声标定,信噪比应大于10。

4.2.8 采用冲击回波等效波速法检测时,预应力混凝土梁顶板和底板宜采用从上表面激振、拾振的方式进行检测,腹板宜采用从侧面激振和拾振的方式进行检测。

4.3 数据分析与评价

4.3.1 数据分析宜采用频域分析方法。

4.3.2 基准测线采用频谱等值线图表示,并作为评价孔道压浆密实度的依据。

4.3.3 具体评价方法可参照附录C压浆缺陷定位检测参考色板。

4.3.4 压浆密实度应根据被检构件板底部等效波速法反射信号参考表4.3.4确定分级。

表4.3.4 分 级

孔道材质	检测方向	等效波速	缺陷长度(m)	缺陷分级
金属	水平	降低5%~10%	≤0.4	轻度
		降低10%以上	—	重度
	竖直	降低10%~15%	≤0.4	轻度
		降低15%以上	>0.4	重度
塑料PVC	水平	降低5%~10%	≤0.4	轻度
		降低10%以上	—	重度
	竖直	降低10%~15%	≤0.4	轻度
		降低15%~20%	>0.4	重度
		降低20%以上	—	重度

4.3.5 检测区间采用压浆密实度指数D作为定位检测的评定指标,检测区段压浆密实度指数D按式(4.3.5-1)计算:

$$D = \frac{1}{N}\sum_{i=1}^{N}\beta_i \times 100\% \tag{4.3.5-1}$$

式中:N——定位检测的点数;
β_i——测点i的压浆状态系数,良好:1,轻度:0.5,重度:0。

式(4.3.5-1)也可改写成:

$$D = \frac{N_J \times 1 + N_X \times 0.5 + N_D \times 0}{N} \times 100\% \tag{4.3.5-2}$$

$$N = N_J + N_X + N_D$$

式中:N_J——密实测点数;
N_X——轻度缺陷测点数;
N_D——重度缺陷测点数。

4.3.6 当定位检测仅为孔道的局部时,用修正压浆密实度指数D_e来判定孔道的压浆密实度,修正压浆密实度指数D_e按式(4.3.6)计算:

$$D_e = \frac{DL_d + D_k(L - L_d)}{L_0} \tag{4.3.6}$$

式中:L_d——检测区间长度(m);
L_0——孔道全长(m);
D_k——单条孔道各检测区段中,压浆质量较好的连续区段的压浆密实度指数。该连续区段的长度取检测区段的1/2,按式(4.3.5-2)计算。

4.3.7 根据计算得到的修正压浆密实度指数D_e,按表4.3.7评价预应力孔道压浆密实度。

表 4.3.7 压浆密实度定位评价

评价方法	评价参数	评价结果
修正压浆密实度 D_c	[0.95,1.00]	孔道压浆密实
	[0.90,0.95)	孔道压浆存在轻微缺陷
	[0,0.90)	孔道压浆存在明显缺陷

附录 A 孔道压浆缺陷定位检测现场记录表

工程名称：_____ 检测人：_____ 记录人：_____ 校核人：_____ 共___页 第___页

桥梁名称												
梁编号		梁长度			仪器编号			仪器有效期		运行状态		
结构类型		灌浆时间		检测时间		测试方法						
孔道位置示意图			孔道编号	测点编号	激振锤	构件厚度	标定波速	孔道材质	孔道直径	孔道埋深	测点数据名称
备注												

附录 B 检测报告主要内容

B.1 委托单位名称。

B.2 工程概况,包括工程名称、结构类型、规模、施工日期等。

B.3 设计单位、施工单位及监理单位全称。

B.4 检测原因、检测目的,以往检测情况概述。

B.5 检测项目、检测方法及依据的标准。

B.6 仪器设备名称、型号、校准证书有效期。

B.7 抽样方法、检测数量与检测的位置。

B.8 检测日期,报告完成日期。

B.9 记录数据采集系统使用的参数。

B.10 检测结果、检测结论。

B.11 项目负责人、主要检测人员、报告审核人员、报告签发人员的签名。

B.12 检测机构的有效印章。

附录 C 压浆缺陷定位检测参考色板

C.1 密实部位

1 混凝土材质均匀，板的厚度一致，如附图 C.1-1 所示。

附图 C.1-1 密实部位的云图（色板-1）

2 板的厚度有变化，如附图 C.1-2 所示。

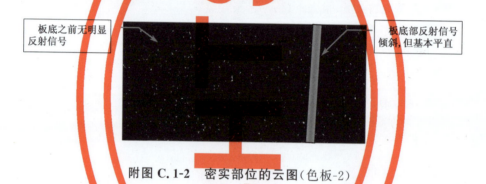

附图 C.1-2 密实部位的云图（色板-2）

C.2 松散型缺陷（PVC波纹管）或空洞型缺陷（铁皮波纹管）

如附图 C.2-1 所示。

附图 C.2-1 松散型/小空洞型缺陷部位的云图（色板-3）

C.3 空洞型缺陷

如附图 C.3-1 所示。

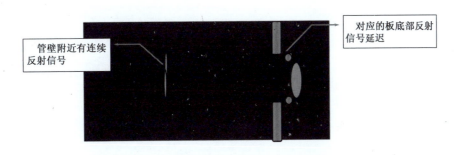

附图 C.3-1 空洞型缺陷的云图（色板-4）

C.3.1 应力混凝土梁顶板和底板，宜采用从上表面激振、拾振的方式；腹板宜采用从侧面激振和拾振的方式。

C.3.2 根据 C.3.1 进行预应力混凝土梁压浆密实度检测，按表 C.3-1 进行缺陷类别判断。

表 C.3-1 不同检测方向的缺陷类别判断

色　　板	竖直方向（顶、底板）
色板-1	密实
色板-2	密实
色板-3	轻微缺陷
色板-4	明显缺陷

用词说明

1 本指南执行严格程度的用词，采用下列写法：

1) 表示严格，在正常情况下均应这样做的用词，正面词采用"应"，反面词采用"不应"或"不得"。

2) 表示允许稍有选择，在条件许可时首先应这样做的用词，正面词采用"宜"，反面词采用"不宜"。

3) 表示有选择，在一定条件下可以这样做的用词，采用"可"。

2 引用标准的用语采用下列写法：

1) 在标准条文及其他规定中，当引用的标准为国家标准或行业标准时，应表述为"应符合《××××××》(××××)的有关规定"。

2) 当引用标准中的其他规定时，应表述为"应符合本指南第×章的有关规定""应符合本指南第×.×节的有关规定""应按本指南第×.×.×条的有关规定执行"。